AF188969

Impressum
Verlag: BABADADA GmbH, Nedderfeld 112 , 22529 Hamburg
Geschäftsführer / Verlagsleitung: Harald Hof
Druck: Books on Demand GmbH, In de Tarpen 42, 22848 Norderstedt

Imprint
Publisher: BABADADA GmbH, Nedderfeld 112 , 22529 Hamburg, Germany
Managing Director / Publishing direction: Harald Hof
Print: Books on Demand GmbH, In de Tarpen 42, 22848 Norderstedt, Germany

Szkoła

sekolah

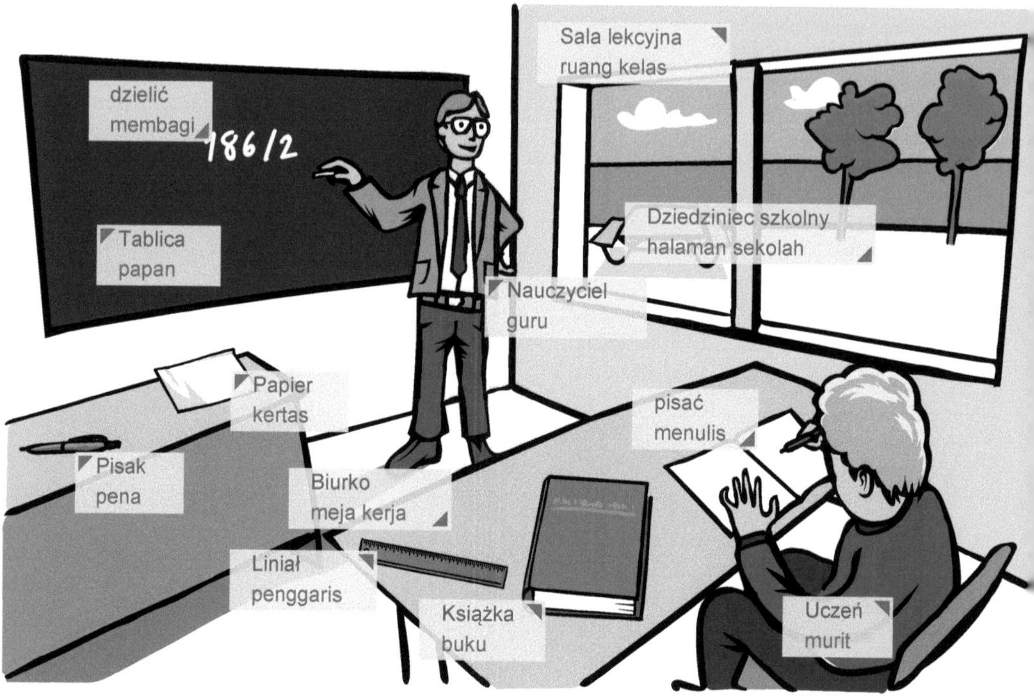

Sala lekcyjna
ruang kelas
dzielić
membagi
186/2
Tablica
papan
Dziedziniec szkolny
halaman sekolah
Nauczyciel
guru
Papier
kertas
pisać
menulis
Pisak
pena
Biurko
meja kerja
Liniał
penggaris
Książka
buku
Uczeń
murit

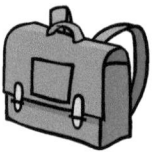

Plecak szkolny

tas sekolah

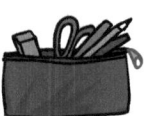

Piórnik

tempat pensil

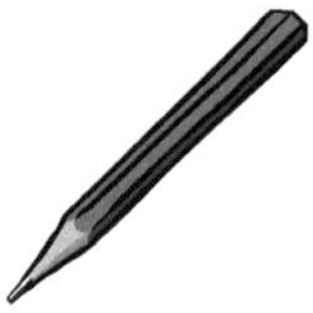

Ołówek

pensil

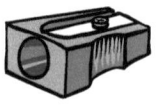

Temperówka

pengasah pensil

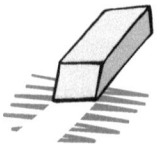

Gumka do mazania

penghapus

Blok rysunkowy

kertas gambar

Rysunek

gambar

Pędzel

kuas

Pudełko z akwarelami

kotak cat

Nożyce

gunting

Klej

lem

Książka do ćwiczenia

buku latihan

Zadanie domowe

pekerjaan rumah

Liczba

angka

dodawać

tambhakan

odejmować

mengurangi

mnożyć

mengalikan

liczyć

menghitung

Litera

huruf

Alfabet

alfabet

Słowo

kata

Tekst	czytać	Kreda
teks	membaca	kapur
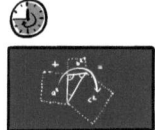		
Godzina	Dziennik lekcyjny	Egzamin
pelajaran	daftar	ujian

Świadectwo	Mundurek szkolny	Wykształcenie
sertifikat	seragam sekolah	pendidikan

Leksykon	Uniwersytet	Mikroskop
ensiklopedi	universitas	mikroskop
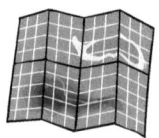		
Mapa	Kosz na odpadki	
peta	tempat sampah	

Podróż
perjalanan

Hotel
hotel
Grand
Schronisko
hostel
ROOMS
Kantor wymiany walut
kantor pertukaran mata uang
EXCHANGE
Walizka
koper
Auto
mobil

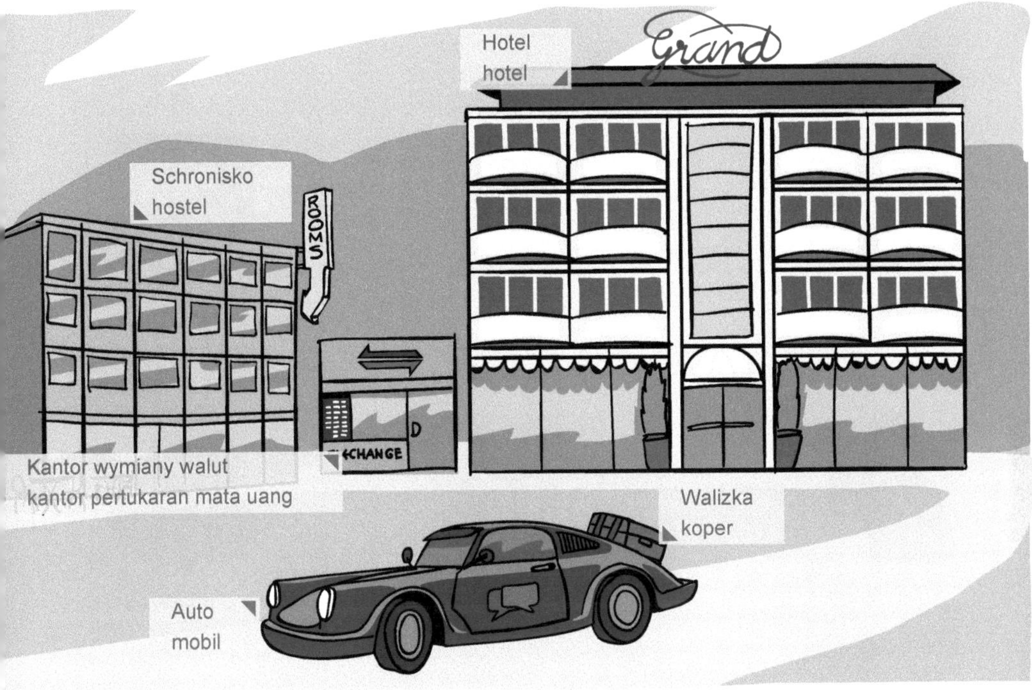

Język

bahasa

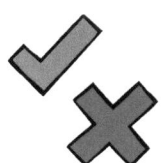

tak / nie

ya / tidak

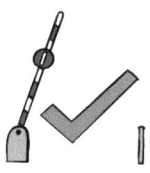

OK

okay

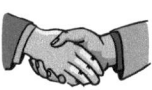

Halo

hallo

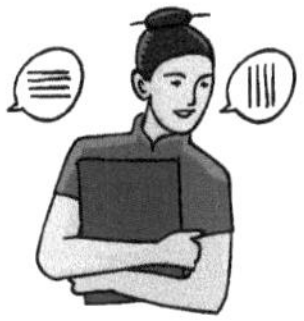

Tłumacz

penerjemah

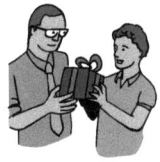

Dziękuję

terima kasih

Ile kosztuje ...?

Berapa harganya...?

Nie rozumiem

saya tidak mengerti

Problem

masalah

Dobry wieczór!

Selamat malam!

Dzień dobry!

Selamat siang!

Dobranoc!

Selamat tidur!

Do widzenia

sampai jumpa

Kierunek

arah

Bagaż

bagasi

Torba

tas

Plecak

ransel

Gość

tamu

Pokój

ruang

Śpiwór

kantong tidur

Namiot

tenda

Informacja turystyczna

informasi wisata

Plaża

pantai

Karta kredytowa

kartu kredit

Śniadanie

sarapan

Obiad

makan siang

Kolacja

makan malam

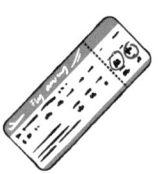

Bilet

tiket

Winda

elevator

Znaczek na list

perangko

Granica

perbatasan

Cło

cukai

Ambasada

kedutaan

Wiza

visa

Paszport

paspor

Transport
transportasi

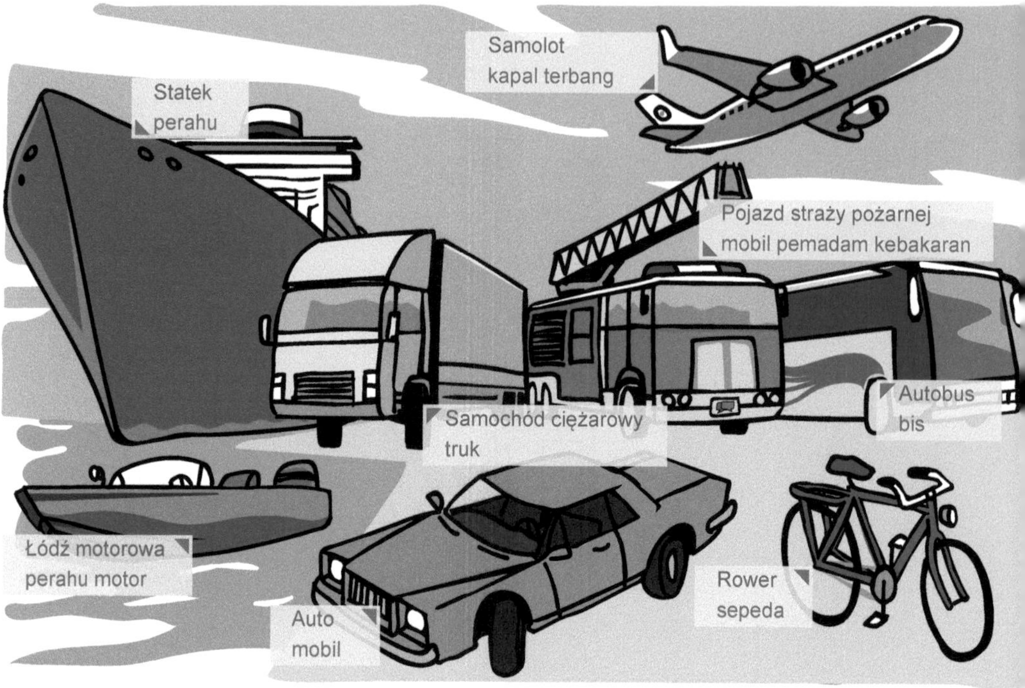

Samolot
kapal terbang
Statek
perahu
Pojazd straży pożarnej
mobil pemadam kebakaran
Autobus
bis
Samochód ciężarowy
truk
Łódź motorowa
perahu motor
Rower
sepeda
Auto
mobil

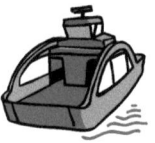

Prom

feri

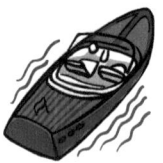

Łódź

perahu

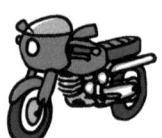

Motocykl

sepeda motor

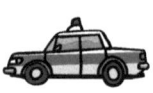

Radiowóz policyjny

mobil polisi

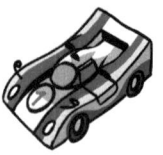

Samochód wyścigowy

mobil balapan

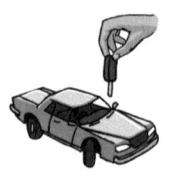

Samochód wypożyczony

mobil sewa

Wspólne przejazdy
samochodem
berbagi mobil

Samochód pomocy
drogowej
truk derek

Śmieciarka

truk sampah

Silnik

motor

Benzyna

bahan bakar

Stacja benzynowa

bensin

Znak drogowy

tanda lalulintas

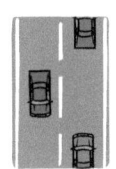

Ruch

lalulintas

Korek

macet

Parking

parkir mobil

Dworzec

stasiun kereta

Szyny

trek

Pociąg

kereta api

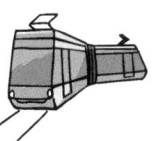

Tramwaj

tram

Wagon

gerobak

Helikopter

helikopter

Lotnisko

bendara

Wieża

menara

Pasażer

penumpang

Kontener

container

Karton

karton

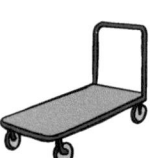

Taczka

troli

Kosz

keranjang

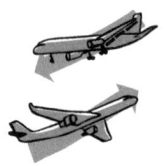

startować / lądować

berangkat / mendarat

Miasto
kota

Wieś

desa

Centrum miasta

pusat kota

Dom

rumah

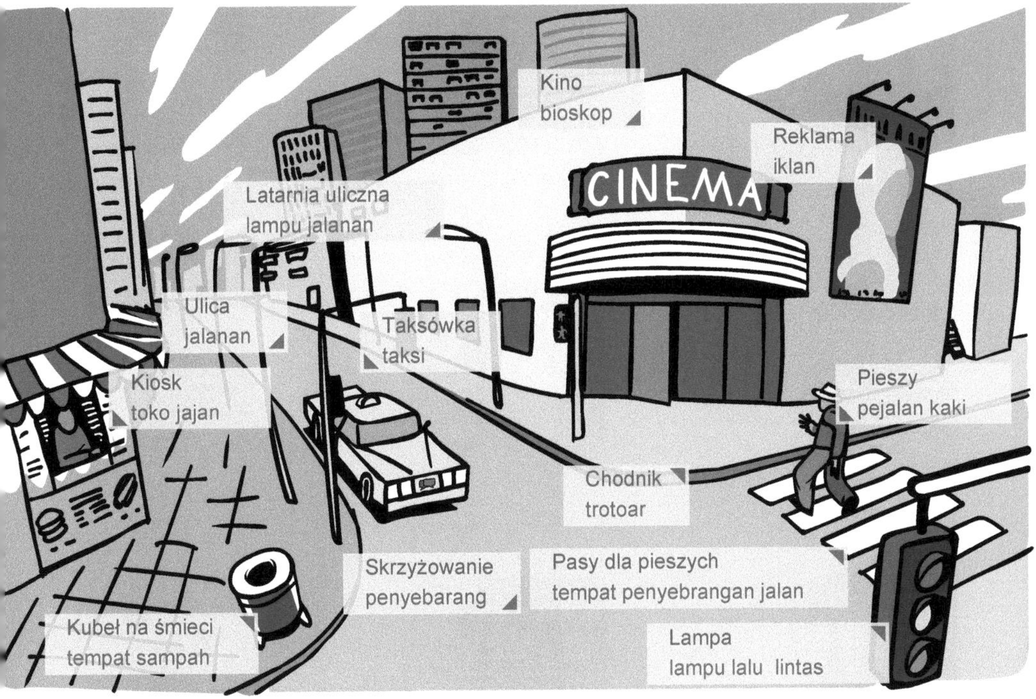

Kino
bioskop

Reklama
iklan

Latarnia uliczna
lampu jalanan

CINEMA

Ulica
jalanan

Taksówka
taksi

Kiosk
toko jajan

Pieszy
pejalan kaki

Chodnik
trotoar

Skrzyżowanie
penyebarang

Pasy dla pieszych
tempat penyebrangan jalan

Kubeł na śmieci
tempat sampah

Lampa
lampu lalu lintas

Chata
....
gubuk

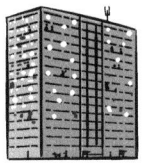

Mieszkanie
....
rumah flat

Dworzec
....
stasiun kereta

Ratusz
....
balai kota

Muzeum
....
museum

Szkoła
....
sekolah

Uniwersytet

universitas

Bank

bank

Szpital

rumah sakit

Hotel

hotel

Apteka

farmasi

Biuro

kantor

Księgarnia

toko buku

Sklep

toko

Kwiaciarnia

toko bunga

Supermarket

supermarket

Rynek

pasar

Dom towarowy

toko serba ada

Sklep z rybami

nelayan

Centrum handlowe

pusat belanja

Port

pelabuhan

Park

taman

Ławka

banku

Most

jembatan

Schody

tangga

Metro

kereta bawah tanah

Tunel

terowongan

Przystanek autobusowy

pemberhantian bis

Bar

bar

Restauracja

restauran

Skrzynka na listy

kotak surat

Tabliczka z nazwą ulicy

tanda jalan

Parkometr

meteran parkir

Zoo

kebun binatang

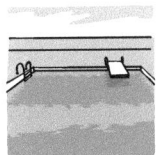

Łaźnia

kolam renang

Meczet

mesjid

Gospodarstwo chłopskie

pertanian

Zanieczyszczenie
środowiska
polusi

Cmentarz

kuburan

Kościół

gereja

Plac zabaw

tempat bermain

Świątynia

pura

Krajobraz
pemandangan

Liść
daun

Drogowskaz
penunjuk arah

Droga
jalanan

Łąka
padang rumput

Kamień
batu

Drzewo
pohon

Wędrowiec
pejalak kaki

Rzeka
sungai

Trawa
rumput

Kwiat
bunga

Dolina

lembah

Góra

bukit

Jezioro

danau

Las

hutan

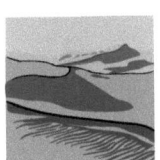

Pustynia

padang gurun

Wulkan

gunung berapi

Zamek

istana

Tęcza

pelangi

Grzyb

jamur

Palma

pohon palem

Komar

nyamuk

Mucha

lalat

Mrówka

semut

Pszczoła

lebah

Pająk

laba-laba

Chrząszcz

kumbang

Żaba

kodok

Wiewiórka

tupai

Jeż

landak

Zając

kelinci

Sowa

burung hantu

Ptak

burung

Łabędź

angsa

Dzik

babi jantan

Jeleń

rusa

Łoś

rusa

Tama

bendungan

Wiatrak

turbin angin

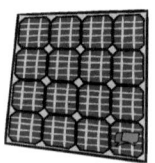

Moduł solarny

panel surya

Klimat

iklim

Restauracja
restauran

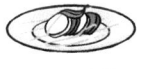

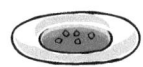

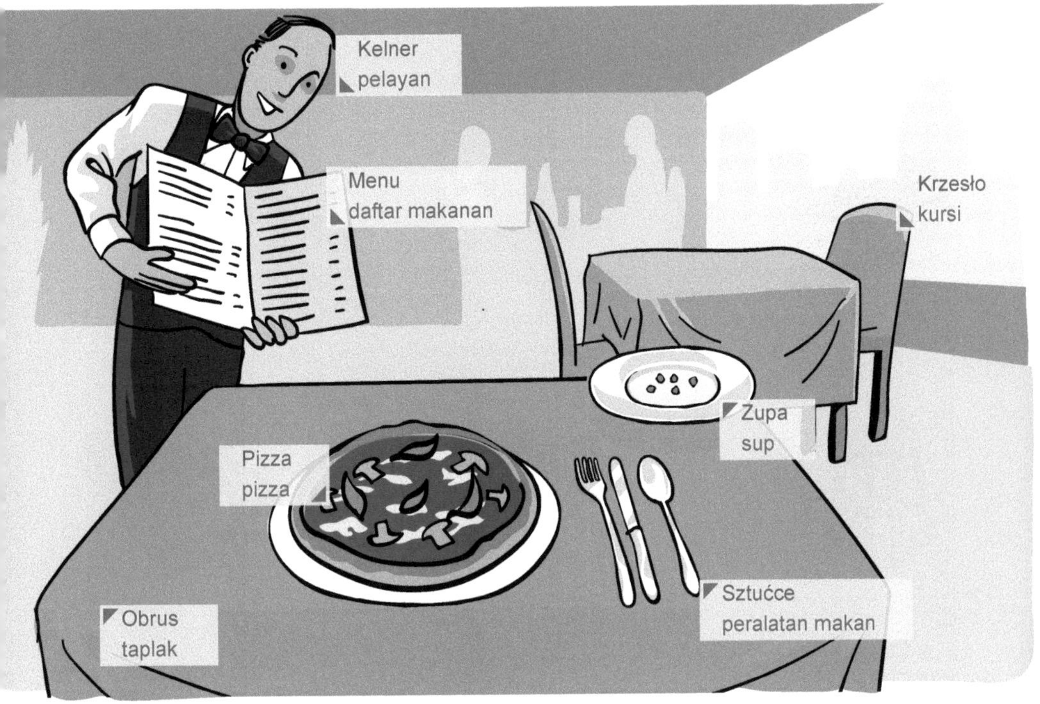
Kelner
pelayan
Menu
daftar makanan
Krzesło
kursi
Zupa
sup
Pizza
pizza
Sztućce
peralatan makan
Obrus
taplak

Przystawka

hindangan pembuka

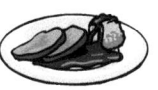

Danie główne

hidangan utama

Deser

hidangan penutup

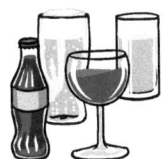

Napoje

minuman

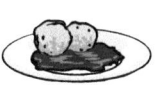

Jedzenie

makanan

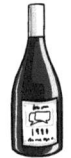

Butelka

botol

Fastfood

fastfood

Streetfood

masakan jalanan

Dzbanek na herbatę

teko teh

Cukierniczka

kaleng gula

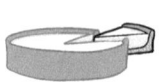

Porcja

porsi

Zaparzarka do espresso

mesin espresso

Krzesło dla dziecka

kursi tinggi

Rachunek

tagihan

Taca

baki

Noż

pisau

Widelec

garpu

Łyżka

sendok

Łyżeczka

sendok teh

Serwetka

serbet

Szklanka

gelas

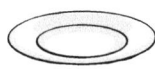

Talerz

piring

Talerz do zupy

piring sup

Podstawek pod filiżankę

lepek

Sos

saus

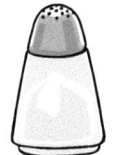

Solniczka

tempat garam

Młynek do pieprzu

gilingan merica

Ocet

cuka

Olej

minyak

Przyprawy

bumbu

Keczup

saus tomat

Musztarda

mustar

Majonez

mayones

Supermarket
supermarket

Oferta
penawaran khusus
Klient
klien
Produkty mleczne
produk susu
Owoce
buah
Wózek sklepowy
troli
FOR

BUTCHERS

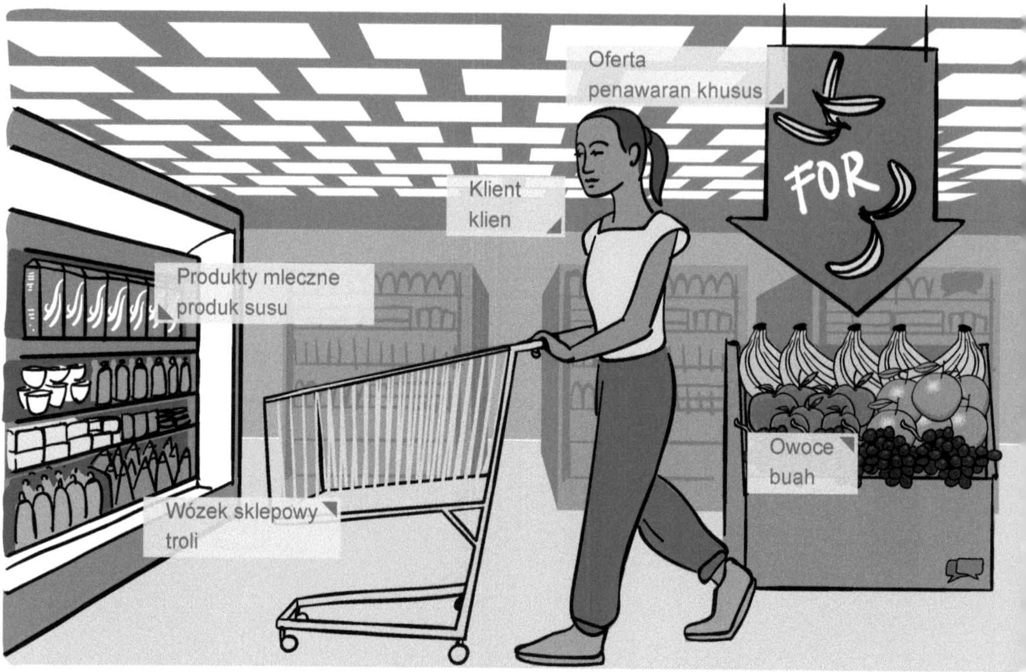

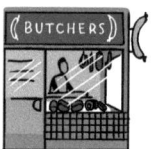

Rzeźnia

pembantai

BAKERY

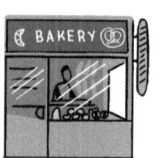

Piekarnia

toko roti

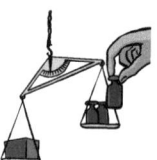

ważyć

menimbang

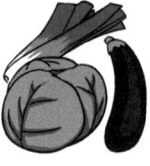

Warzywa

sayur

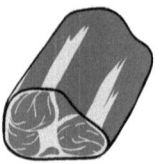

Mięso

daging

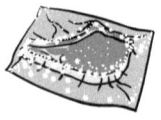

Mrożonki

makanan beku

Wędliny

pemotongan dingin

Konserwy

makanan kaleng

Proszek m do prania

sabun serbuk

Słodycze

permen

Artykuły użytku domowego

alat-alat rumah tangga

Środek czyszczący

obat pembersihan

Sprzedawczyni

penjual

Kasa

kasa

Kasjer

kasir

Lista zakupów

daftar belanja

Godziny otwarcia

jam buka

Portfel

dompet

Karta kredytowa

kartu kredit

Torba

tas

Torebka plastikowa

kantong plastik

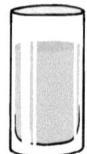

Woda

air

Sok

jus

Mleko

susu

Cola

cola

Wino

anggur

Piwo

bir

Alkohol

alkohol

Kakao

coklat

Herbata

teh

Kawa

kopi

Espresso

espresso

Cappuccino

cappucino

Banan

pisang

Jabłko

apel

Pomarańcza

jeruk

Arbuz

semangka

Cytryna

jeruk lemon

Marchew

wortel

Czosnek

bawang putih

Bambus

bambu

Cebula

bawang bombai

Grzyb

jamur

Orzechy

kacang

Makaron

mi

Spaghetti

spagetti

Ryż

nasi

Sałatka

salat

Frytki

kentang goreng

Ziemniaki pieczone

kentang goreng

Pizza

pizza

Hamburger

hamburger

Kanapka

sandwich

Sznycel

sayatan

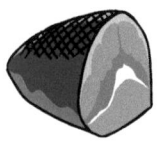

Szynka

ham

Salami

salami

Kiełbasa

sosis

Kura

ayam

Pieczeń

menggoreng

Ryba

ikan

Płatki owsiane

bubur gandum

Musli

sereal

Płatki kukurydziane

cornflakes

Mąka

tepung

Croissant

croissant

Bułka

roti

Chleb

roti

Toast

toast

Ciastka

biskuit

Masło

mentega

Twarożek

dadih

Ciasto

kue

Jajko

telur

Jajko sadzone

telur goreng

Ser

keju

Lody

eskrim

Cukier

gula

Miód

madu

Marmolada

selai

Krem nugatowy

krim nugat

Curry

kare

Gospodarstwo chłopskie
pertanian

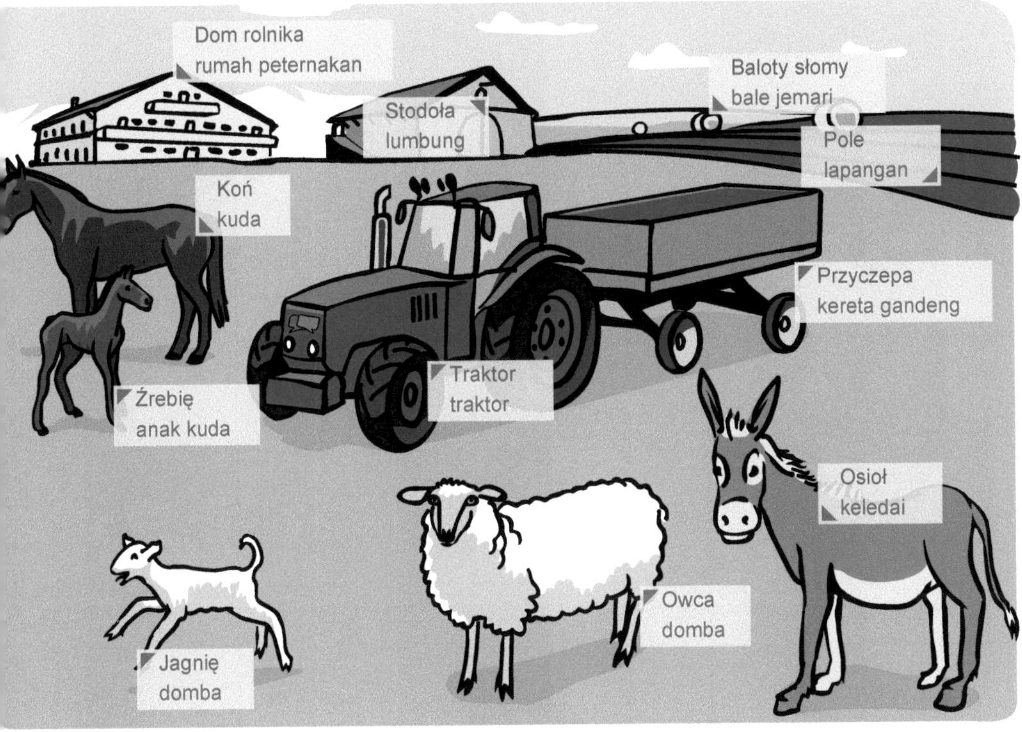

Dom rolnika
rumah peternakan
Stodoła
lumbung
Baloty słomy
bale jemari
Pole
lapangan
Koń
kuda
Przyczepa
kereta gandeng
Traktor
traktor
Źrebię
anak kuda
Osioł
keledai
Owca
domba
Jagnię
domba

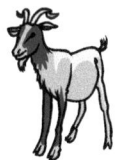

Koza

kambing

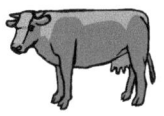

Krowa

sapi

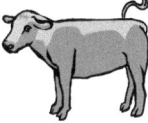

Cielę

betis

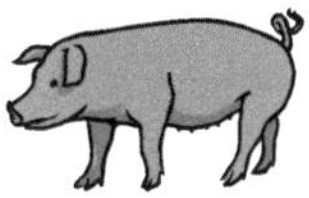

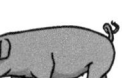

Świnia

babi

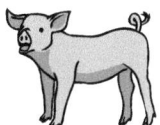

Prosię

celeng

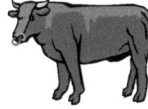

Byk

banteng

Gęś

angsa

Kaczka

bebek

Kurczątko

anak ayam

Kura

ayam

Kogut

ayam jantan

Szczur

tikus

Kot

kucing

Mysz

tikus

Osioł

lembu

Pies

anjing

Buda dla psa

rumah anjing

Wąż ogrodowy

selang

Konewka

penyiram

Kosa

sabit

Pług

bajak

Sierp

sabit

Graca

cangkul

Widły

garpu rumput

Siekiera

kapak

Taczka

gerobak

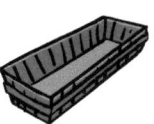

Koryto

palung

Kanka na mleko

kaleng susu

Worek

karung

Płot

pagar

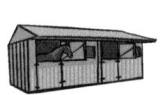

Stajnia

kandang

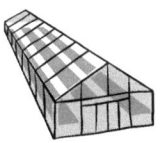

Szklarnia

rumah kaca

Ziemia

tanah

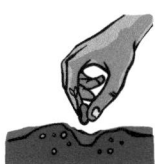

Nasiona

benih

Nawóz

pupuk

Kombajn zbożowy

mesin pemanen

zbierać

panen

Żniwa

panen

Podchrzyn

yams

Pszenica

gandum

Soja

kedelai

Ziemniak

kentang

Kukurydza

jagung

Rzepak

lobak

Drzewo owocowe

pohon buah

Maniok

singkong

Zboże

sereal

Dom
rumah

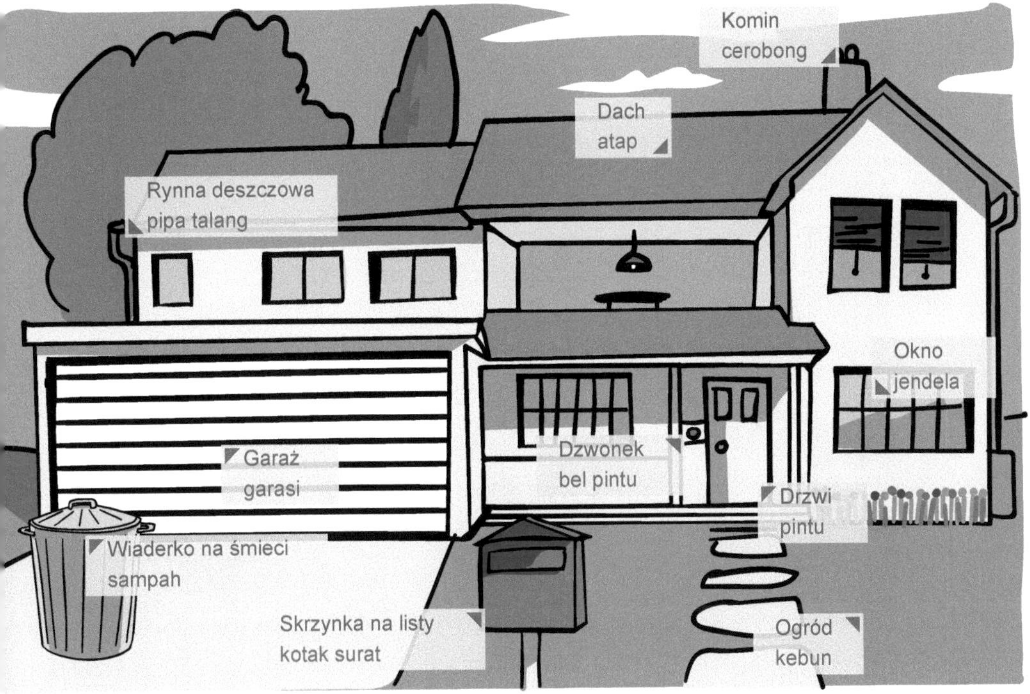
Komin
cerobong
Dach
atap
Rynna deszczowa
pipa talang
Okno
jendela
Dzwonek
bel pintu
Garaż
garasi
Drzwi
pintu
Wiaderko na śmieci
sampah
Skrzynka na listy
kotak surat
Ogród
kebun

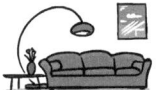

Pokój dzienny

ruang tamu

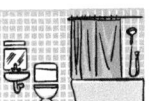

Łazienka

kamar mandi

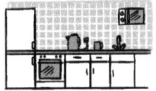

Kuchnia

dapur

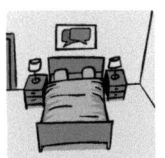

Sypialnia

kamar tidur

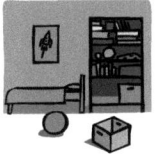

Pokój dziecięcy

kamar anak

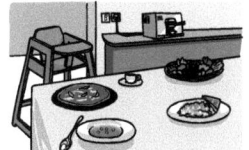

Jadalnia

kamar makan

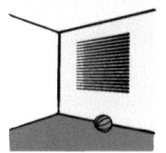

Ziemia

lantai

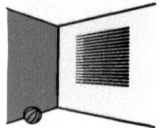

Ściana

tembok

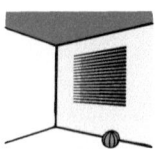

Koc

atap

Piwnica

gudang di bawah tanah

Sauna

sauna

Balkon

balkon

Taras

teras

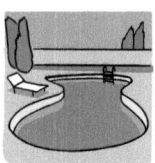

Basen

kolam renang

Kosiarka do trawy

mesin pemotong rumput

Poszwa

sprei

Kołdra

selimut

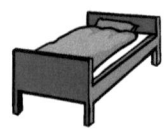

Łóżko

tempat tidur

Miotła

sapu

Wiadro

ember

Włącznik

tombol

Pokój dzienny
ruang tamu

Tapeta
kertas dinding
Obraz
gambar
Lampa
lampu
Regał
rak
Szafa
kabinet
Telewizor
televisi
Komin
perapian
Kwiat
bunga
Poduszka
bantal
Kanapa
sofa
Wazon
vas
Pilot
remote control

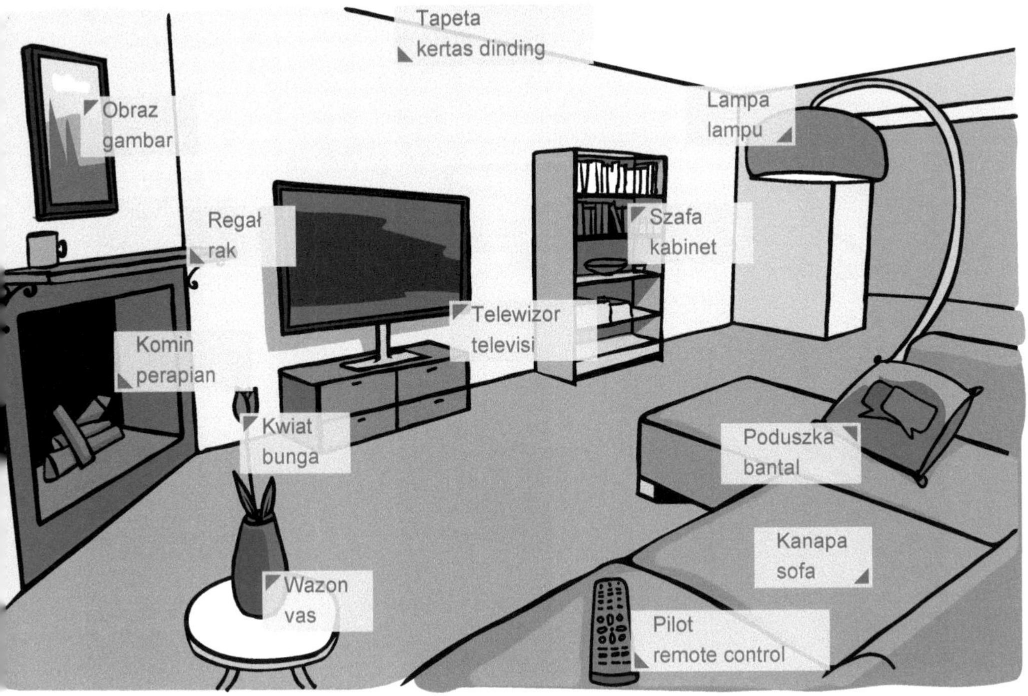

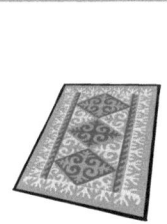

Dywan
karpet

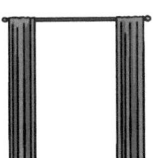

Zasłona
korden

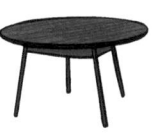

Stół
meja

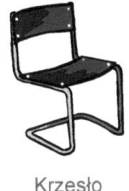

Krzesło
kursi

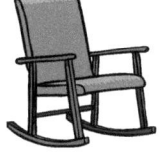

Bujak
kursi goyang

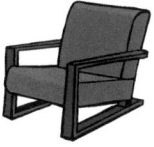

Fotel
kursi malas

Książka

buku

Sufit

selimut

Dekoracja

dekorasi

Drewno kominkowe

kayu bakar

Film

filem

Instalacja stereo

hi-fi

Klucz

kunci

Gazeta

koran

Malunek

lukisan

Plakat

poster

Radio

radio

Notatnik

buku tulis

Odkurzacz

penyedot debu

Kaktus

kaktus

Świeczka

lilin

Kuchnia
dapur

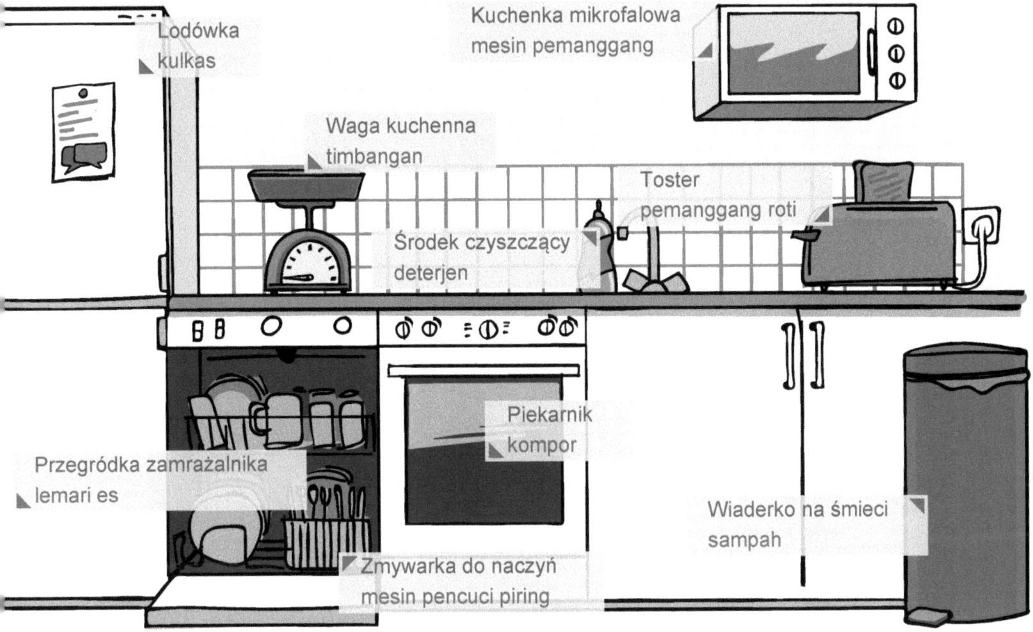

Lodówka
kulkas
Kuchenka mikrofalowa
mesin pemanggang
Waga kuchenna
timbangan
Toster
pemanggang roti
Środek czyszczący
deterjen
Piekarnik
kompor
Przegródka zamrażalnika
lemari es
Wiaderko na śmieci
sampah
Zmywarka do naczyń
mesin pencuci piring

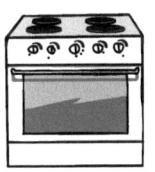

Kuchenka
....
kompor

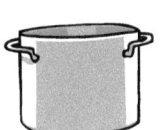

Garnek
....
panci

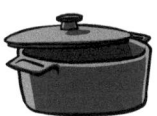

Kocioł żeliwny
....
panci besi

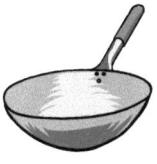

Wok / Kadai
....
wajan

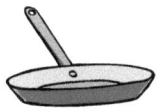

Patelnia
....
panci

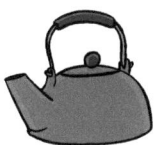

Czajnik
....
pemanas air

Parowar

panci pengukus makanan

Blacha do pieczenia

nampan

Naczynia kuchenne

piring

Kubek

cangkir

Miska

mangkok

Pałeczki

sumpit

Nabierka

sendok sup

Łopatka do smażenia

sudip

Trzepaczka do śmietany

mengocok

Cedzak

saringan

Sitko

saringan

Tarka

parutan

Moździerz

mortir

Grillowanie

barbeque

Palenisko

api terbuka

Deska

papan memotong

Wałek do ciasta

gilingan

Korkociąg

alat pembuka botol

Puszka

kaleng

Otwieracz do puszek

pembuka kaleng

Ściereczka do trzymania garnka

pegangan panci

Umywalka

wastafel

Szczotka

sikat

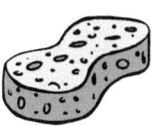

Gąbka

busa

Mikser

mesin pencampur

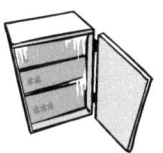

Zamrażarka

lemari es

Butelka dla niemowlęcia

botol bayi

Kran

keran

Łazienka
kamar mandi

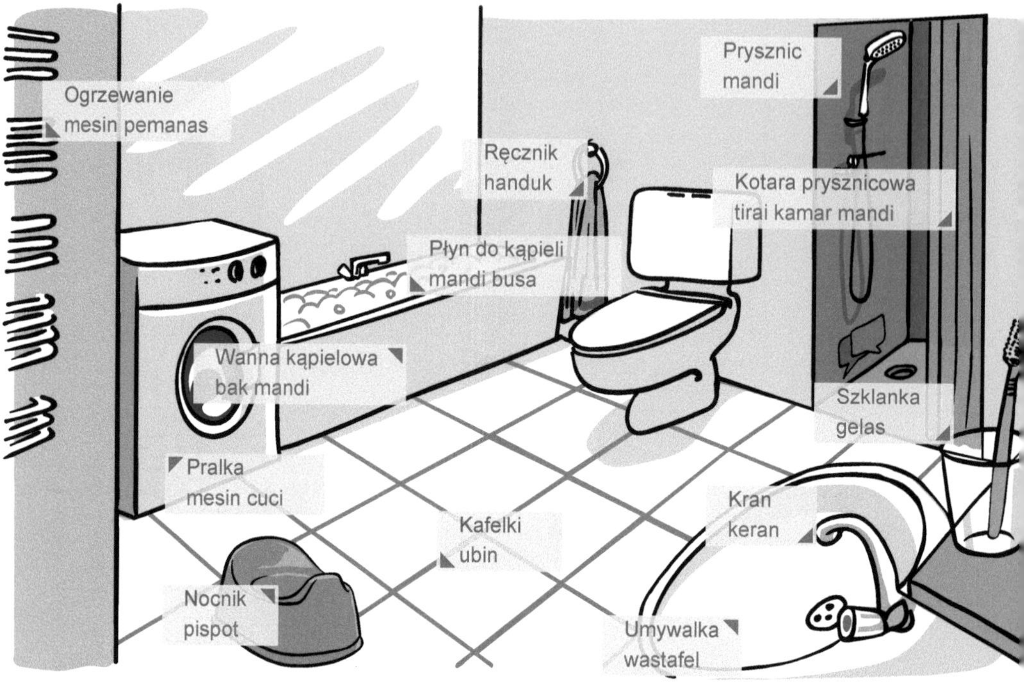

Ogrzewanie
mesin pemanas
Prysznic
mandi
Ręcznik
handuk
Kotara prysznicowa
tirai kamar mandi
Płyn do kąpieli
mandi busa
Wanna kąpielowa
bak mandi
Szklanka
gelas
Pralka
mesin cuci
Kran
keran
Kafelki
ubin
Nocnik
pispot
Umywalka
wastafel

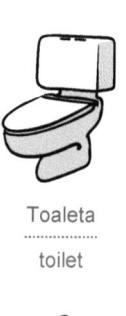

Toaleta
toilet

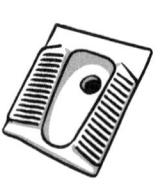

Toaleta kuczna
toilet jongkok

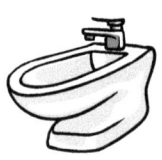

Bidet
bidet

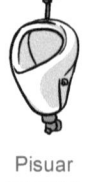

Pisuar
pissoir

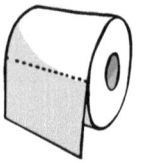

Papier toaletowy
kertas toilet

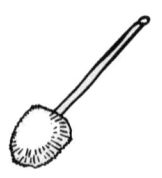

Szczotka toaletowa
sikat toilet

Szczoteczka do zębów

sikat gigi

Pasta do zębów

pasta gigi

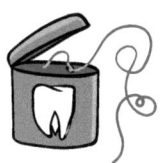

Nitki do czyszczenia zębów

benang gigi

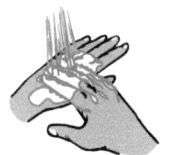

myć

menyuci

Głowica prysznicowa

pancuran tangan

Płyn kąpielowy do higieny intymnej

pancuran

Miska do mycia

bak

Szczotka kąpielowa

sikat punggung

Mydło

sabun

Żel prysznicowy

gel mandi

Szampon

sampo

Rękawica kąpielowa

planel

Odpływ

kuras

Krem

krim

Dezodorant

deodoran

Lustro

kaca

Lustro kosmetyczne

cermin tangan

Golarka

pisau cukur

Pianka do golenia

busa cukur

Woda po goleniu

aftershave

Grzebień

sisir

Szczotka

sikat

Suszarka do włosów

alat pengering rambut

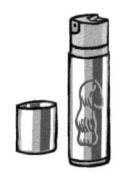

Spray do włosów

semprot rambut

Makijaż

makeup

Pomadka

lipstik

Lakier do paznokci

cat kuku

Wata

kapas

Nożyczki do paznokci

gunting kuku

Perfum

minyak wangi

Kosmetyczka

kantong pencuci

Taboret

bangku

Waga

timbangan

Szlafrok kąpielowy

mantel mandi

Rękawice gumowe

sarung tangan karet

Tampon

tampon

Podpaska damska

handuk pembalut

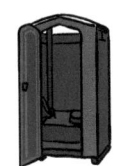

Toaleta chemiczna

toilet kimia

Pokój dziecięcy
kamar anak

Budzik
jam alarm
Pluszowa przytulanka
boneka tidur
Samochodzik
mobil-mobilan
Grzechotka
kelintung
Domek dla lalek
rumah boneka
Prezent
kado

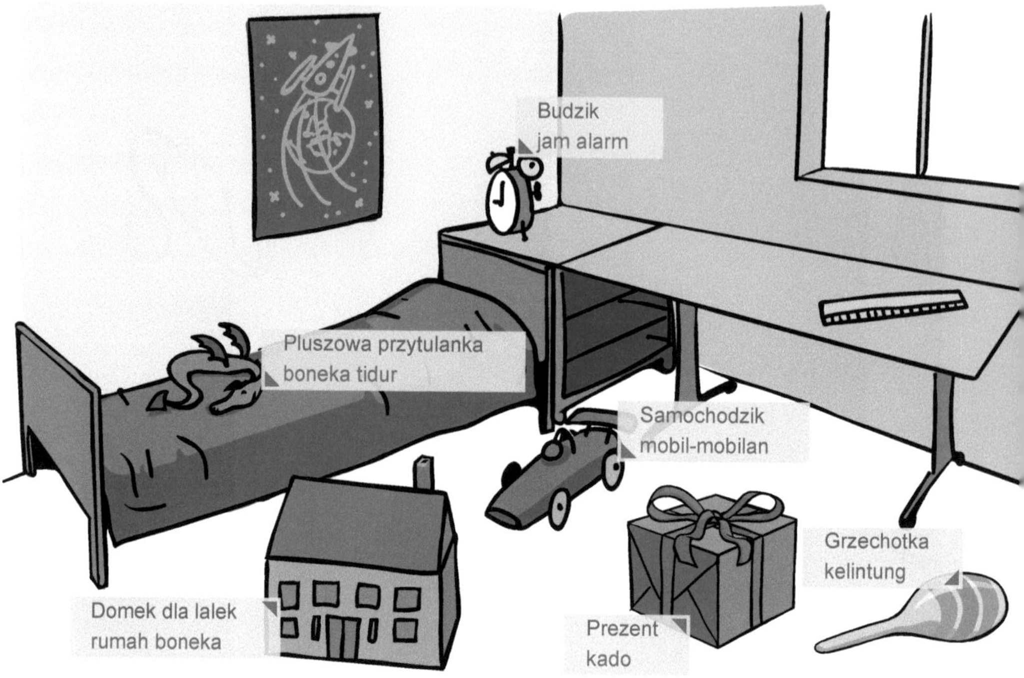

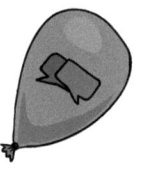

Balon

balon

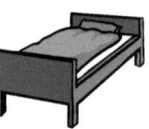

Łóżko

tempat tidur

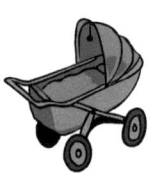

Wózek dziecięcy

kereta bayi

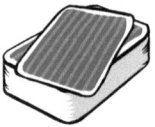

Gra w karty

mainan kartu

Puzzle

teka-teki

SUPER
MEGA

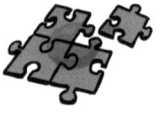

Komiks

komik

Klocki lego

mainan lego

Klocki

blok mainan

Action figura

figur aksi

Śpioszek dziecięcy

baju monyet

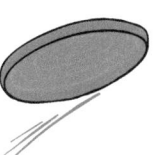

Frisbee

frisbee

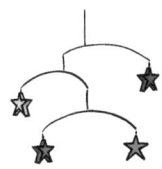

Zabawki ruchome

mobile

Gra planszowa

permainan papan

Kości

dadu

Kolejka elektryczna

set model kreta api

Smoczek

dot

Przyjęcie

pesta

Książka z ilustracjami

buku gambar

Piłka

bola

Lalka

boneka

bawić się

bermain

Piaskownica

tempat main pasir

Huśtawka

ayunan

Zabawki

mainan

Konsola do gier

video game konsol

Rowerek trójkołowy

sepeda roda tiga

Pluszowy miś

teddy

Szafa ubraniowa

lemari pakaian

Ubiór
pakaian

Skarpety

kaos kaki

Pończochy

kaos kaki

Rajstopy

baju ketat

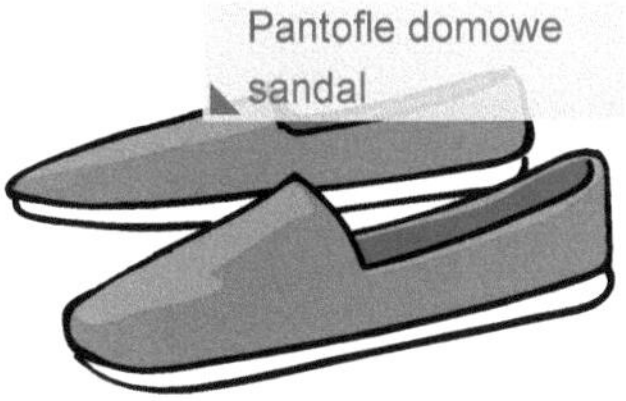

Szal
syal

Parasol
payung

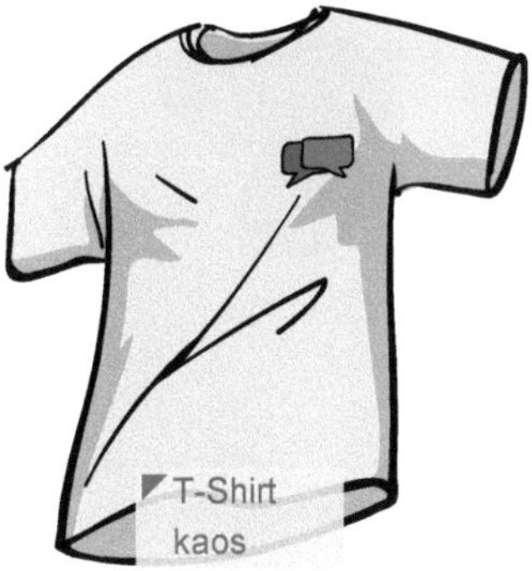

T-Shirt
kaos

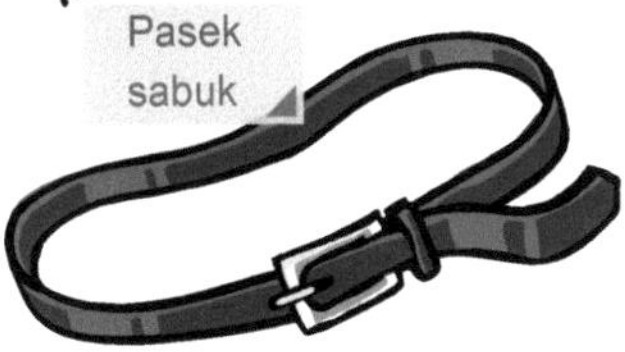

Pasek
sabuk

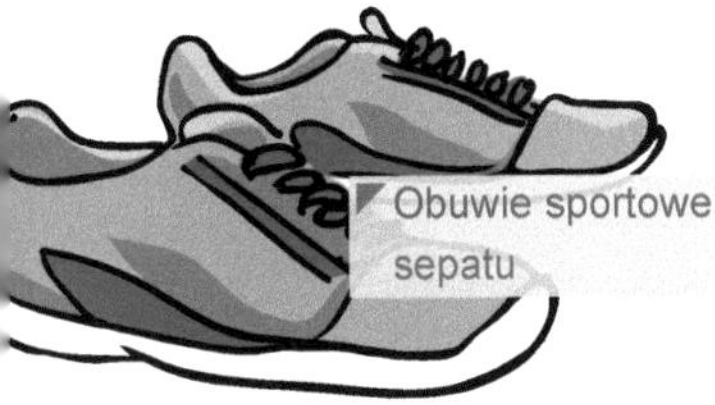

Kozaki
sepatu bot

Pantofle domowe
sandal

Obuwie sportowe
sepatu

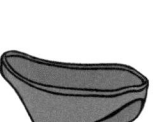

Sandały
....
sandal

Buty
....
sepatu

Kalosze
....
sepatu bot karet

Majtki
....
celana dalam

Biustonosz
....
BH

Podkoszulek
....
baju rompi

Body

body

Spodnie

celana

Dżins

jeans

Spódnica

rok

Bluzka

blus

Koszula

kemeja

Pulower

aket berkerudung

Bluza sportowa

sweater

Marynarka

jaket

Kurtka

jaket

Płaszcz

mantel

Płaszcz przeciwdeszczowy

jas hujan

Kostium

kostum

Sukienka

gaun

Suknia ślubna

gaun pengantin

Garnitur męski

setelan resmi

Koszula nocna

gaun tidur

Piżama

piyama

Sari

sari

Chusta na głowę

jilbab

Turban

turban

Burka

burka

Kaftan

kaftan

Abaya

abaya

Strój kąpielowy

pakaian renang

Kąpielówki

celana renang

Krótkie spodnie

celana pendek

Dres sportowy

olah raga

Fartuch

celemek

Rękawiczki

sarung tangan

Guzik

kancing

Okulary

kacamata

Bransoletka

gelang

Łańcuszek

kalung

Pierścionek

cincin

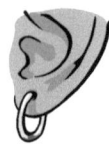

Kolczyk

anting

Czapka

topi

Wieszak

gantungan mantel

Kapelusz

topi

Krawat

dasi

Zamek błyskawiczny

ritsleting

Kask

helm

Szelki

tali selempang

Mundurek szkolny

seragam sekolah

Mundur

seragam

Śliniaczek
oto

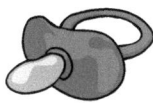

Smoczek
dot

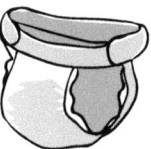

Pieluszka
popok

Biuro
kantor

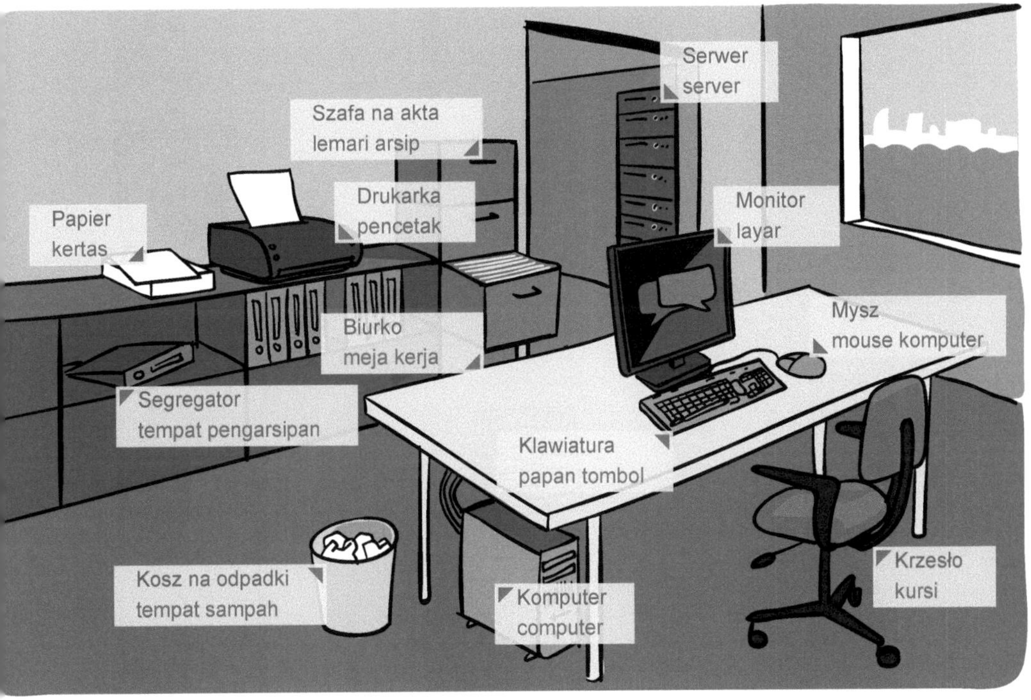

Serwer
server

Szafa na akta
lemari arsip

Drukarka
pencetak

Monitor
layar

Papier
kertas

Biurko
meja kerja

Mysz
mouse komputer

Segregator
tempat pengarsipan

Klawiatura
papan tombol

Kosz na odpadki
tempat sampah

Krzesło
kursi

Komputer
computer

Filiżanka do kawy
cangkir kopi

Kalkulator
kalkulator

Internet
internet

Laptop

laptop

List

surat

Wiadomość

pesan

Komórka

telepon seluler

Sieć

jaringan

Kopiarka

fotokopi

Oprogramowanie

software

Telefon

telepon

Gniazdko

plug soket

Faks

mesin fax

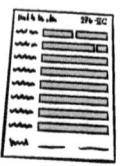

Formularz

formulir

Dokument

dokumen

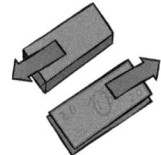

kupić
membeli

płacić
membayar

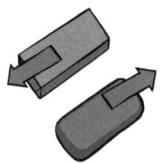

postępować
berdagang

Pieniądze
uang

Dolar
Dollar

Euro
Euro

Jen
Yen

Rubel
Rubel

Frank
Franc Swiss

Juan Renminbi
Renminbi Yuan

Rupia
Rupiah

Bankomat
ATM

Kantor wymiany walut

kantor pertukaran mata uang

Złoto

emas

Srebro

perak

Olej

minyak

Energia

energi

Cena

harga

Umowa

kontrak

Podatek

pajak

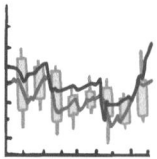

Akcja

saham

pracować

bekerja

Pracownik umysłowy

karyawan

Pracodawca

majikan

Fabryka

pabrik

Sklep

toko

Zawody
pekerjaan

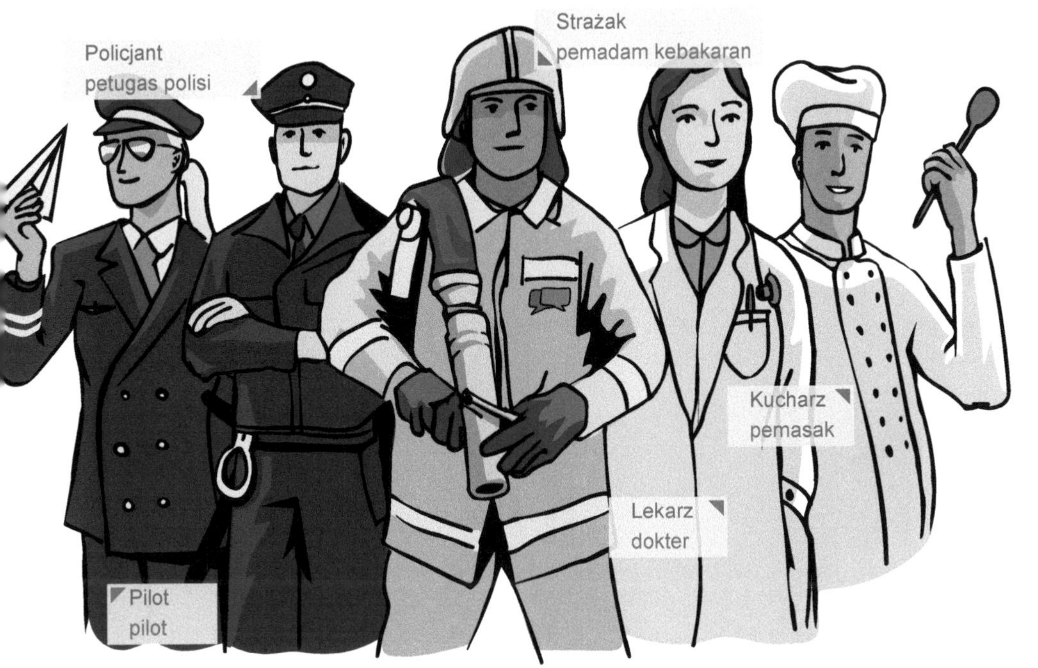
Policjant
petugas polisi
Strażak
pemadam kebakaran
Kucharz
pemasak
Lekarz
dokter
Pilot
pilot

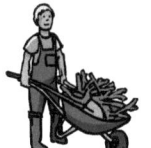

Ogrodnik

tukan kebun

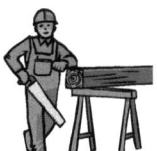

Stolarz

tukang kayu

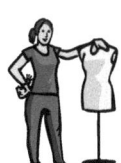

Krawcowa

penjahit wanita

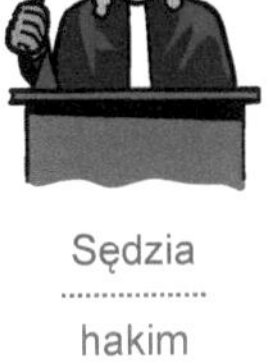

Sędzia

hakim

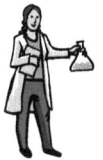

Chemik

ahli kimia

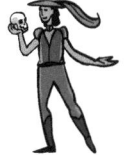

Aktor

aktor

Kierowca autobusu

sopir bis

Taksówkarz

sopir taksi

Fischer

nelayan

Sprzątaczka

pembantu

Dekarz

tukang atap

Kelner

pelayan

Myśliwy

pemburu

Malarz

pelukis

Piekarz

tukang roti

Elektryk

tukang listrik

Robotnik budowlany

pembangun

Inżynier

insinyur

Rzeźnik

tukang daging

Instalator

tukang ledeng

Listonosz

tukang pos

Żołnierz

tentara

Architekt

arsitek

Kasjer

kasir

Florysta

penjual bunga

Fryzjer

penata rambut

Konduktor

konduktor

Mechanik

montir

Kapitan

kapten

Dentysta

dokter gigi

Naukowiec

ilmuwan

Rabin

rabbi

Imam

imam

Mnich

biarawan

Proboszcz

pendeta

Narzędzia

alat

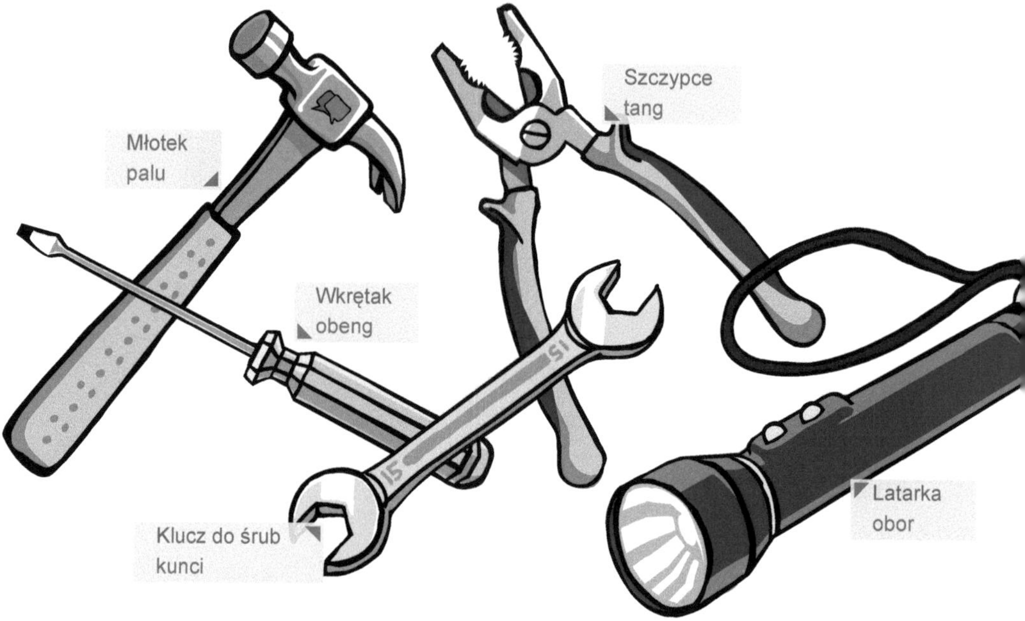

Szczypce
tang
Młotek
palu
Wkrętak
obeng
Latarka
obor
Klucz do śrub
kunci

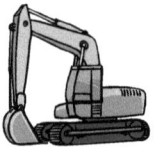

Koparka

penggali

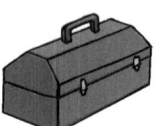

Skrzynka narzędziowa

tas perkakas

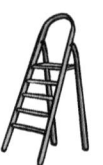

Drabina

tangga

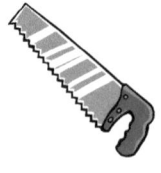

Piła

gergaji

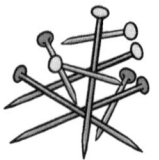

Gwoździe

paku

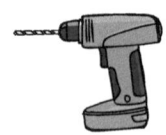

Wiertło

bor

naprawić

perbaikan

Łopatka

sekop

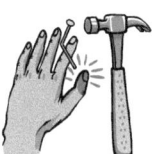

Cholera!

Sialan!

Szufelka

cikrak

Puszka z farbą

pot cat

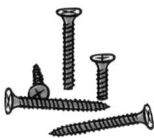

Śruby

sekrup

Instrumenty muzyczne
alat musik

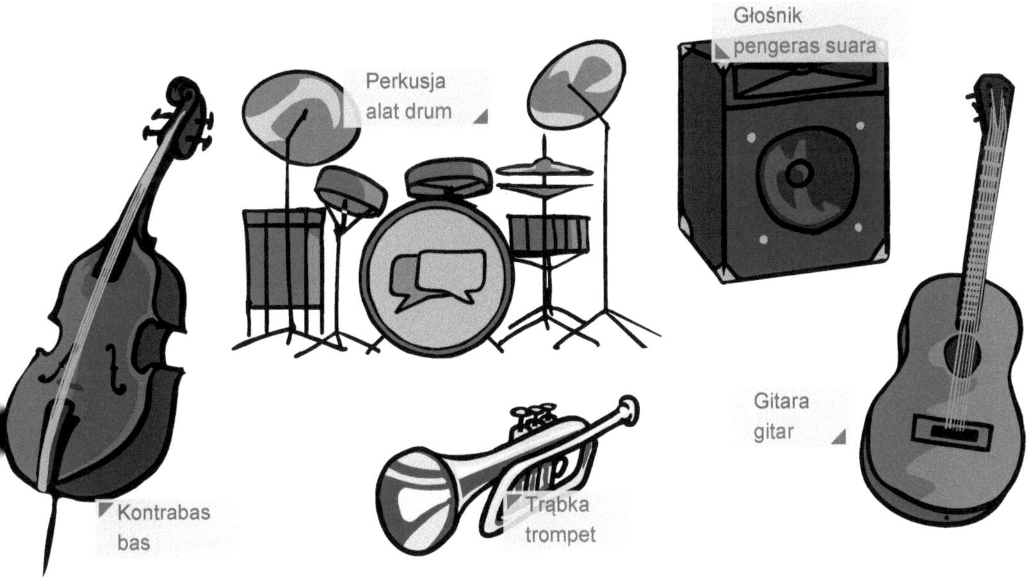

Perkusja
alat drum

Głośnik
pengeras suara

Gitara
gitar

Kontrabas
bas

Trąbka
trompet

Pianino

piano

Skrzypce

violin

Bas

bass

Kotły

tambur

Bęben

drum

Keyboard

keyboard

Saksofon

saksofon

Flet

suling

Mikrofon

mikrofon

Zoo
kebun binatang

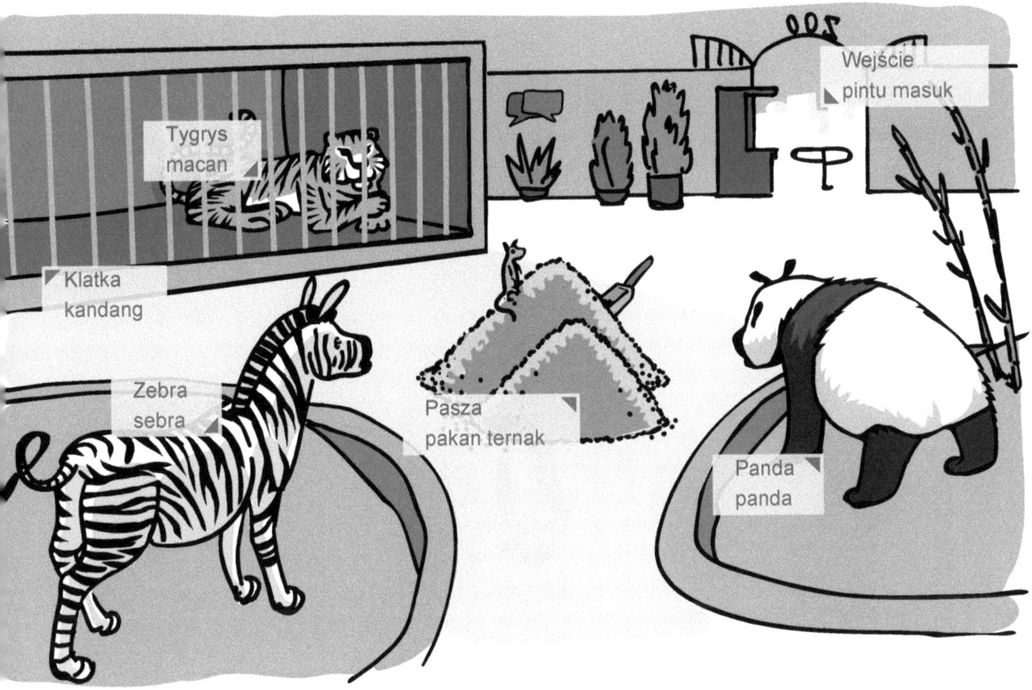
Tygrys
macan
Wejście
pintu masuk
Klatka
kandang
Zebra
sebra
Pasza
pakan ternak
Panda
panda

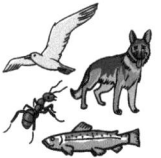

Zwierzęta

hewan

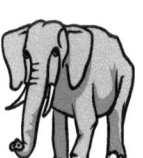

Słoń

gajah

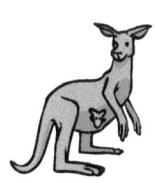

Kangur

kanguru

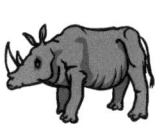

Nosorożec

badak

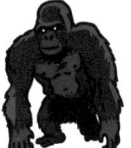

Goryl

gorila

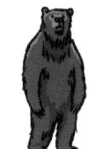

Niedźwiedź

beruang

Wielbłąd

unta

Struś

burung unta

Lew

singa

Małpa

monyet

Fleming

flamingo

Papuga

burung beo

Niedźwiedź polarny

beruang polar

Pingwin

penguin

Rekin

hiu

Paw

merak

Wąż

ular

Krokodyl

buaya

Dozorca w zoo

penjaga kebun binatang

Foka

segel

Jaguar

jaguar

Kucyk

kuda poni

Gepard

macan tutul

Hipopotam

kuda nil

Żyrafa

jerapah

Orzeł

burung elang

Dzik

babi jantan

Ryba

ikan

Żółw

kura-kura

Mors

anjing laut

Lis

rubah

Gazela

kijang

Futbol amerykański
american football

Kolarstwo
naik sepeda

Tenis
tennis

Koszykówka
basketbal

Pływanie
bernang

Boks
tinju

Hokej na lodzie
hoki es

Piłka nożna
sepak bola

Badminton
badminton

Lekka atletyka
atletik

Piłka ręczna
bola tangan

Narciarstwo
main ski

Polo
polo

Działania
aktivitas

śmiać się
ketawa
skakać
meloncat
objąć
memeluk
iść
berjalan
śpiewać
menyanyi
marzyć
mengimpi
modlić się
berdoa
całować
mencium

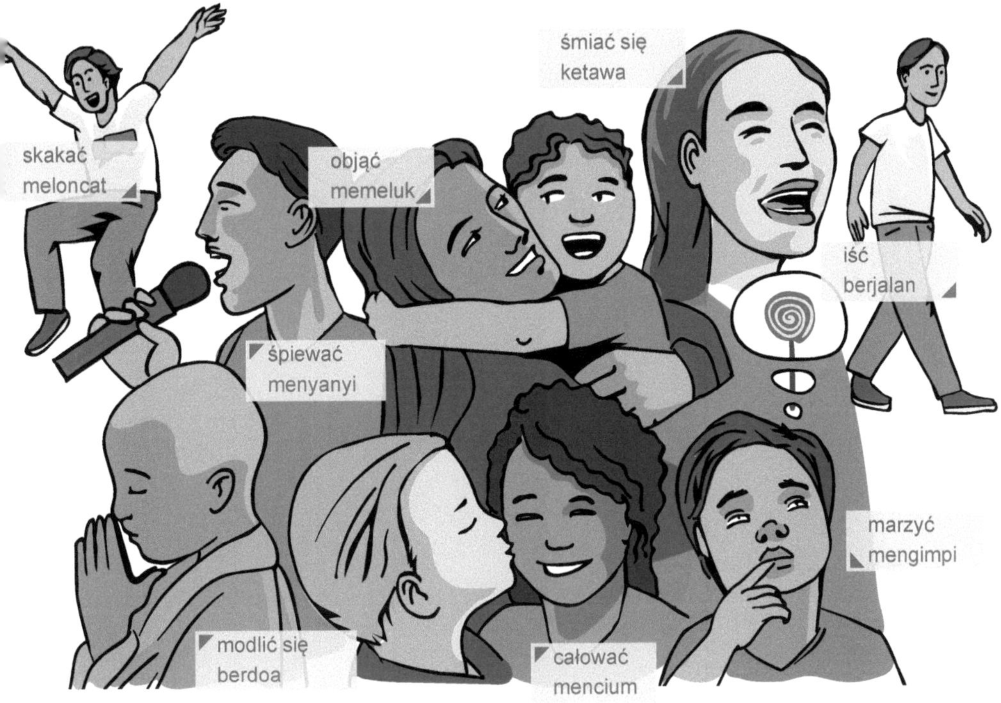

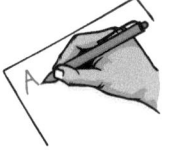

pisać
menulis

rysować
melukis

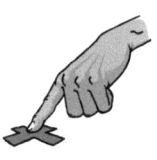

pokazywać
menunjuk

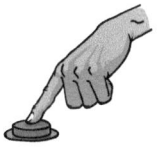

nacisnąć
mendorong

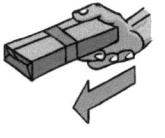

dać
memberikan

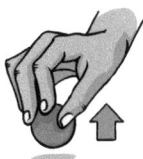

wziąć
mengambil

mieć

mempunyai

robić

melakukan

być

adalah

stać

berdiri

biegać

berlari

ciągnąć

menarik

rzucać

melempar

spaść

jatuh

leżeć

tidur

czekać

menunggu

nosić

membawa

siedzieć

duduk

zakładać

berpakaian

spać

tidur

budzić się

bangun

spojrzeć	płakać	głaskać
melihat	menangis	mengelus

czesać się	mówić	rozumieć
menyisir	berbicara	mengerti

pytać	słyszeć	pić
menanyak	mendengar	minum

jeść	sprzątać	kochać
makan	merapikan	cinta

gotować	jechać	latać
memasak	menyetir	terbang

żeglować
....
berlayar

liczyć
....
menghitung

czytać
....
membaca

uczyć się
....
belajar

pracować
....
bekerja

wejść w związek małżeński
....
menikah

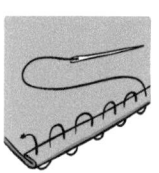

szyć
....
menjahit

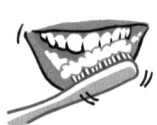

myć zęby
....
sikat gigi

zabić
....
membunuh

palić tytoń
....
merokok

wysłać
....
kirim

Rodzina
keluarga

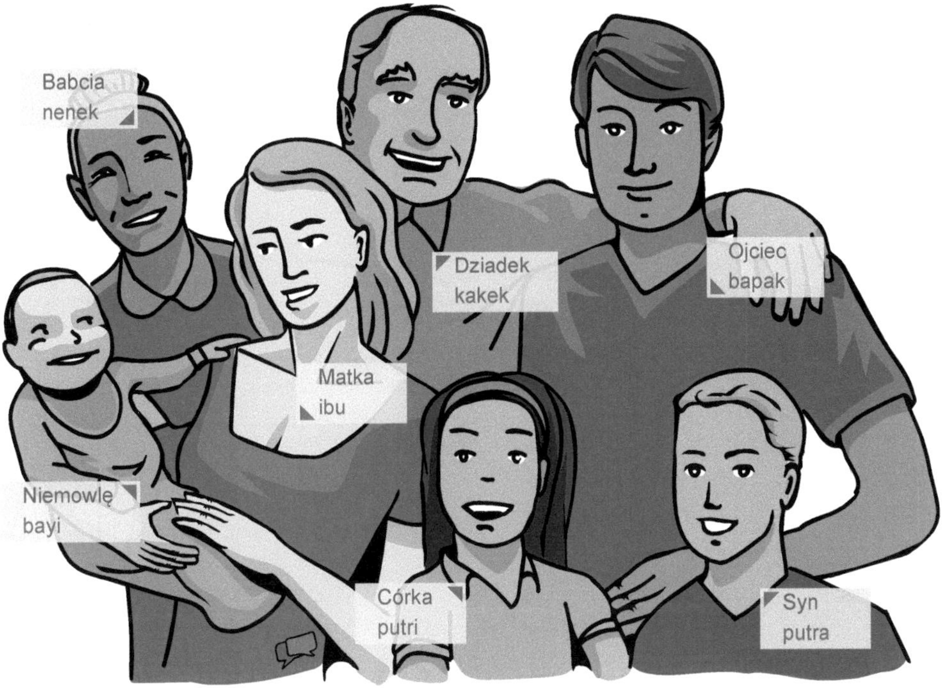
Babcia
nenek
Dziadek
kakek
Ojciec
bapak
Matka
ibu
Niemowlę
bayi
Córka
putri
Syn
putra

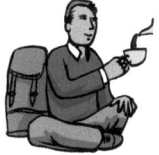

Gość
tamu

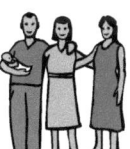

Ciotka
bibi

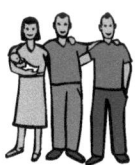

Wujek
paman

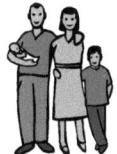

Brat
kakak laki

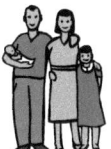

Siostra
kakak perempuan

Ciało
badan

Czoło
dahi
Oko
mata
Ramię
bahu
Palec
jari
Twarz
muka
Broda
dagu
Ręka
tangan
Noga
kaki
Pierś
payudara
Ramię
lengan

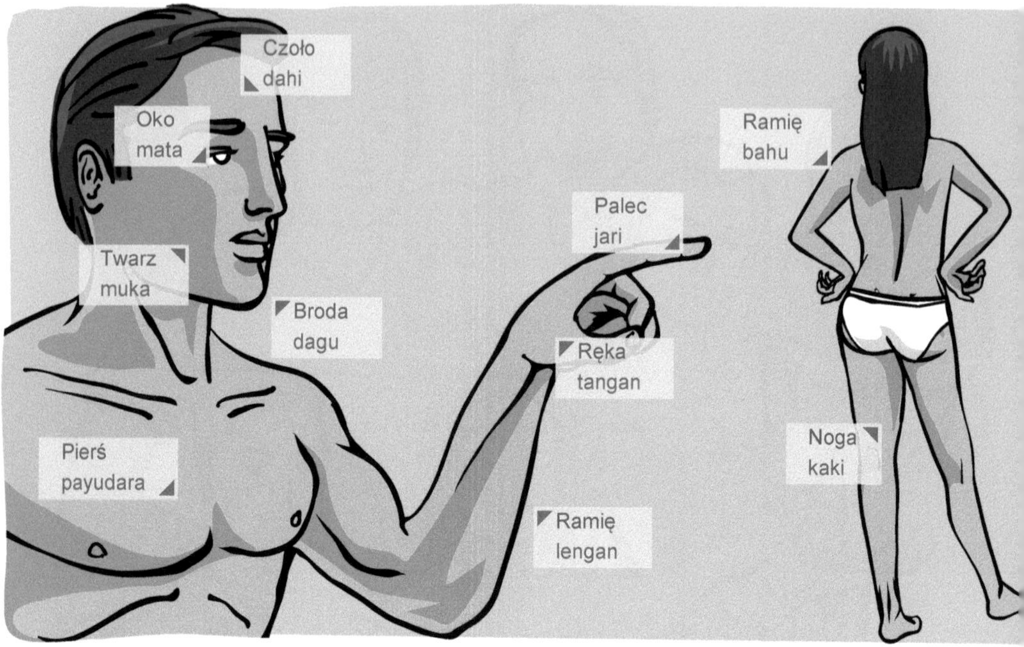

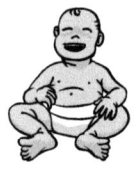

Niemowlę
bayi

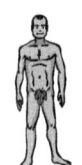

Mężczyzna
pria

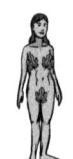

Kobieta
wanita

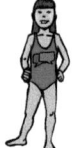

Dziewczyna
perempuan

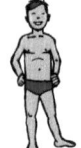

Chłopiec
laki

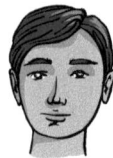

Głowa
kepala

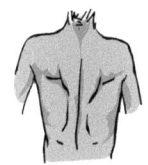

Plecy

punggung

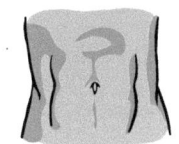

Brzuch

perut

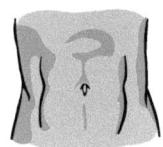

Pępek

pusar

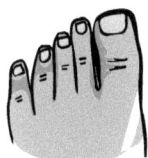

palec nogi

toe

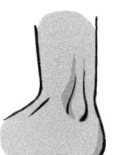

Pięta

tumit

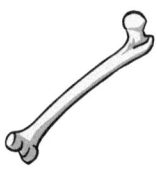

Kość

tulang

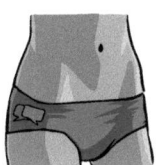

Biodro

pinggang

Kolano

lutut

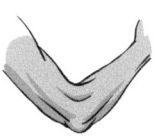

Łokieć

siku

Nos

hidung

Pośladki

pantat

Skóra

kulit

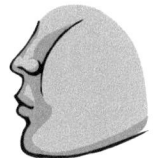

Policzek

pipi

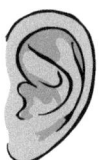

Uszy

telinga

Warga

bibir

Usta

mulut

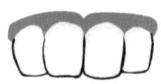

Ząb

gigi

Język

lidah

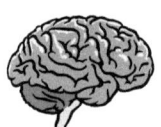

Mózg

otak

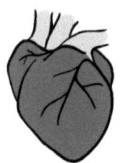

Serce

jantung

Mięsień

otot

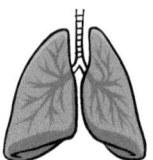

Płuca

paru-paru

Wątroba

hati

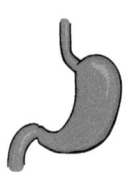

Żołądek

stomach

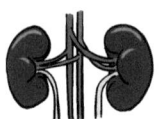

Nerki

ginjal

Stosunek płciowy

hubungan seks

Kondom

kondom

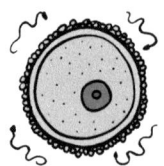

Komórka jajowa

sel telur

Sperma

sperma

Ciąża

kehamilan

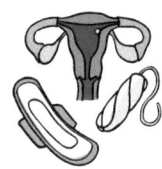

Menstruacja

menstruasi

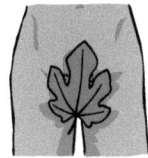

Wagina

vagina

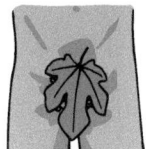

Penis

penis

Brew

alis

Włosy

rambut

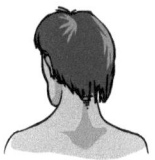

Szyja

leher

Szpital
rumah sakit

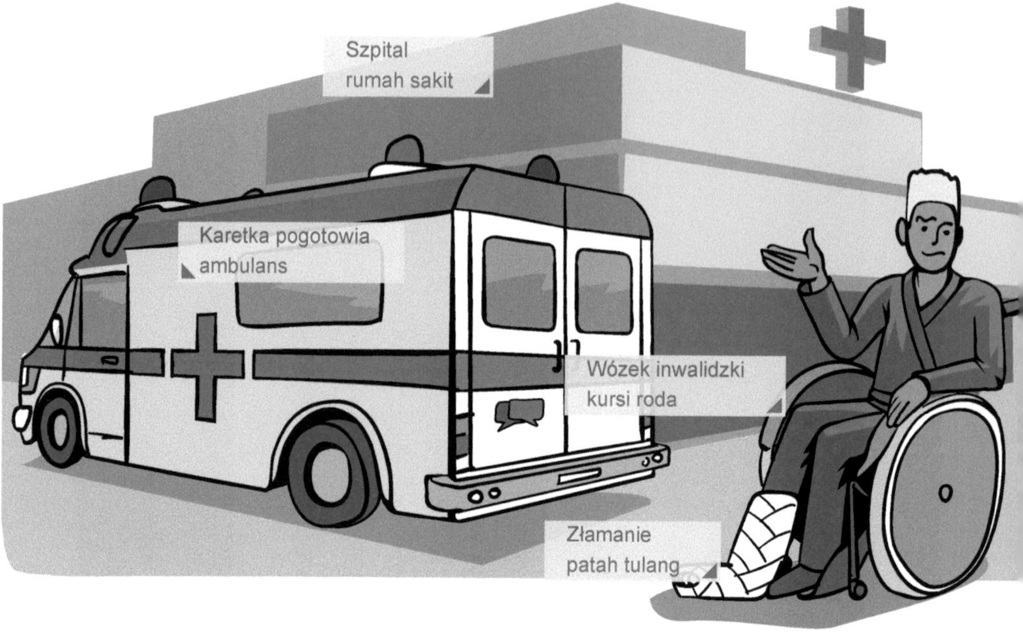

Szpital
rumah sakit
Karetka pogotowia
ambulans
Wózek inwalidzki
kursi roda
Złamanie
patah tulang

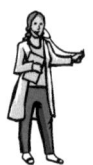

Lekarz

dokter

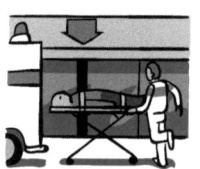

Izba przyjęć

ruang darurat

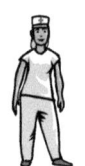

Pielęgniarka

perawat

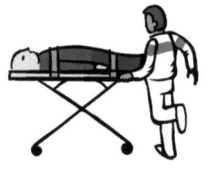

Nagły przypadek

darurat

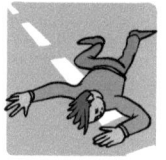

nieprzytomny

semaput

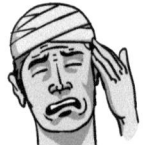

Ból

sakit

Skaleczenie

cedera

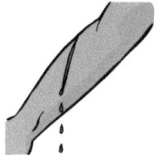

Krwawienie

perdarahan

Zawał serca

serangan jantung

Udar mózgu

stroke

Alergia

alergi

Kaszleć

batuk

Gorączka

demam

Grypa

flu

Biegunka

diare

Ból głowy

sakit kepala

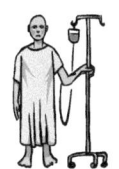

Rak

kanker

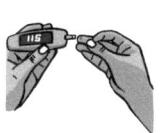

Cukrzyca

diabetes

Chirurg

ahli bedah

Skalpel

pisau bedah

Operacja

operasi

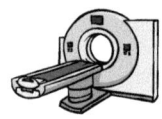

CT

CT

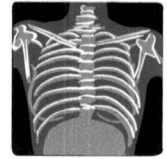

Rentgen

sinar x

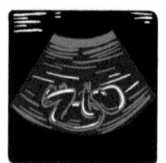

Ultradźwięki

usg

Maska

topeng

Choroba

penyakit

Poczekalnia

ruang tunggu

Kula

penyokong

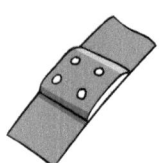

Plaster

plester

Opatrunek

perban

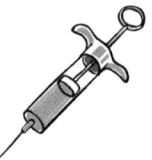

Iniekcja

injeksi

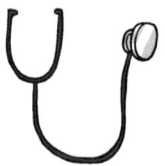

Stetoskop

stetoskop

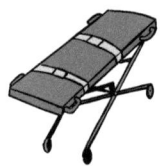

Nosze

usungan

Termometr

termometer klinis

Poród

kelahiran

Nadwaga

kelebihan berat badan

Aparat słuchowy

alat pendengar

Środek dezynfekcyjny

desinfektan

Infekcja

infeksi

Wirus

virus

HIV / AIDS

HIV / AIDS

Medycyna

obat

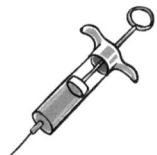

Szczepienie

vaksinasi

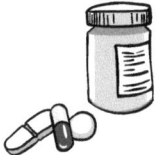

Tabletki

tablet

Pigułka

pil

Telefon ratunkowy

panggilan darurat

Ciśnieniomierz krwi

ukur tekanan darah

chory / zdrowy

sakit / sehat

Pomocy!

Tolong!

Alarm

alarm

Napad

penyerbuan

Atak

serangan

Niebezpieczeństwo

bahaya

Wyjście awaryjne

pintu darurat

Pożar!

Api!

Gaśnica

alat pemadam kebakaran

Wypadek

kecelakaan

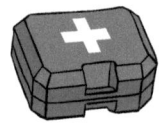

Walizeczka pierwszej
pomocy
kit pertolongan pertama

SOS

SOS

Policja

polisi

Europa

Eropa

Ameryka Północna

Amerika Utara

Ameryka Południowa

Amerika Selatan

Afryka

Afrika

Azja

Asia

Australia

Australi

Atlantyk

Atlantik

Pacyfik

Pasifik

Ocean Indyjski

Samudra India

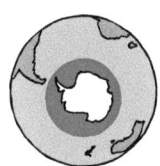

Ocean Antarktyczny

Samudra Antartika

Ocean Arktyczny

Samudra Arktik

Biegun północny

kutub utara

Biegun południowy

kutub selatan

Antarktyda

Antarktika

Ziemia

bumi

Kraj

tanah

Morze

laut

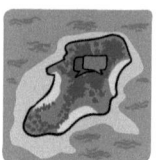

Wyspa

pulau

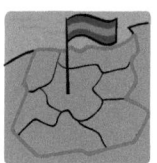

Naród

bangsa

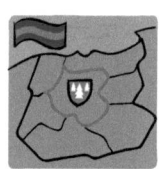

Państwo

negara

Cyferblat

jam wajah

Wskazówka godzinowa

jarum pendek

Wskazówka minutowa

jarum menit

Wskazówka sekundowa

jarum detik

Która godzina?

Jam berapa?

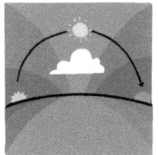

Dzień

hari

Czas

waktu

teraz

sekarang

Zegarek digitalny

jam digital

Minuta

menit

Godzina

jam

Poniedziałek
Senin

Środa
Rabu

Piątek
Jumat

Wtorek
Selasa

Sobota
Sabtu

Czwartek
Kamis

Niedziela
Minggu

wczoraj
....
kemaren

dzisiaj
....
hari ini

jutro
....
besok

Rano
....
pagi

Południe
....
siang

Wieczór
....
malam

Dni robocze
....
hari kerja

Weekend
....
akhir minggu

Rok
tahun

Deszcz
hujan
Tęcza
pelangi
Wiatr
angin
Śnieg
salju
Wiosna
musim semi
Lato
musim panas
Jesień
musim gugur
Zima
musim dingin

4.APRIL 11°
5.APRIL 4°
6.APRIL 13°
7.APRIL 8°
8.APRIL 10°

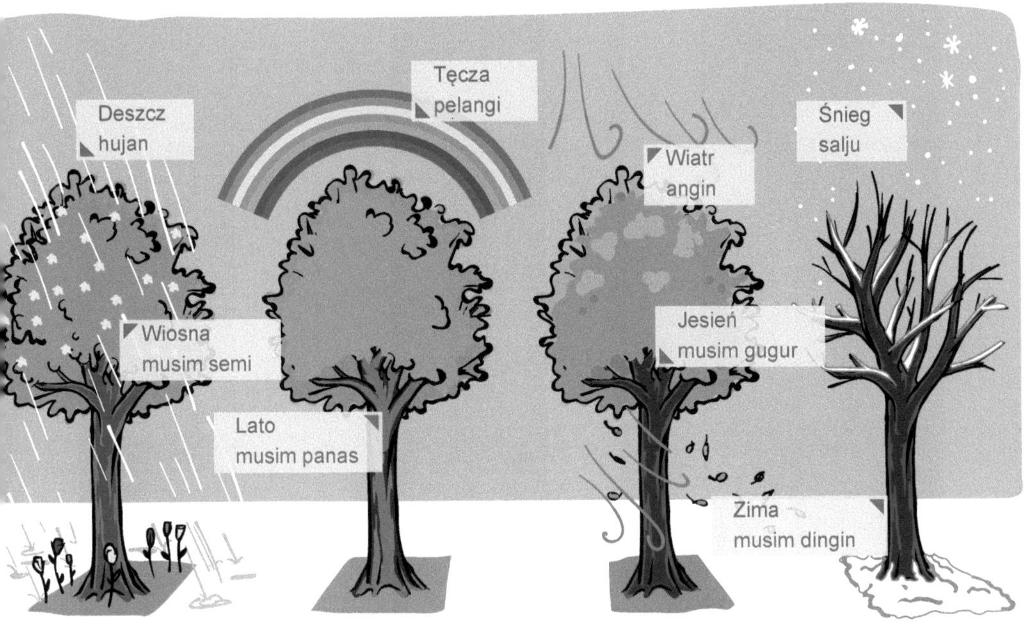

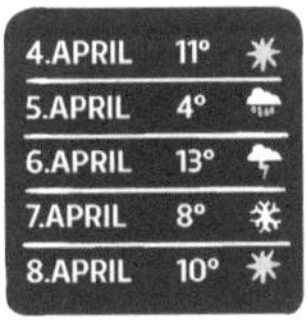

Prognoza pogody

ramalan cuaca

F C
120 40
90 30
60 20
30 10
0 0
-30 -10
-20

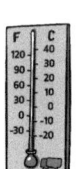

Termometr

termometer

Światło słoneczne

matahari

Chmura

awan

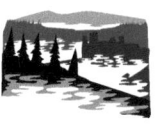

Mgła

kabut

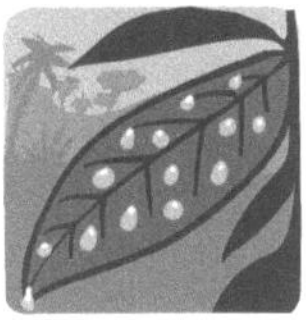

Wilgotność powietrza

kelembahan

Błyskawica

kilat

Grzmot

guntur

Sztorm

badai

Grad

hujan es

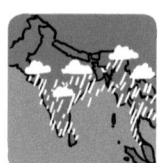

Monsun

monsun

Potop

banjir

Lód

es

Styczeń

Januari

Luty

Februari

Marzec

Maret

Kwiecień

April

Maj

Mei

Czerwiec

Juni

Lipiec

Juli

Sierpień

Agustus

Wrzesień
....
September

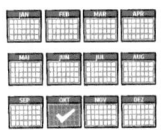

Październik
....
Oktober

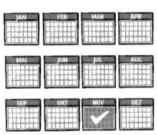

Listopad
....
November

Grudzień
....
Desember

Koło
....
lingkaran

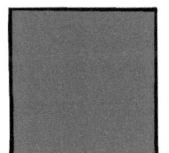

Kwadrat
....
persegi

Prostokąt
....
persegi panjang

Trójkąt
....
segi tiga

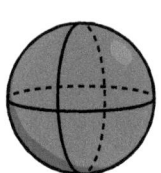

Kula
....
bola

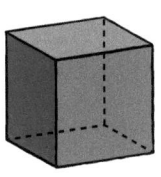

Sześcian
....
kubus

biały
....
putih

żółty
....
kuning

pomarańczowy
....
oranye

różowy
....
pink

czerwony
....
merah

liliowy
....
ungu

niebieski
....
biru

zielony
....
hijau

brązowy
....
coklat

szary
....
abu-abu

czarny
....
hitam

dużo / mało

banyak / sedikit

wściekły / spokojny

marah / tenang

piękny / brzydki

cantik / jelek

początek / koniec

mulaih / selesai

duży / mały

besar / kecil

jasny / ciemny

terang / gelap

brat / siostra

saudara laki-laki / saudara perempuan

czysty / brudny

bersih / kotor

kompletny / niekompletny

lengkap / tidak lengkap

dzień / noc

hari / malam

umarły / żywy

mati / hidup

szeroki / wąski

luas / sempit

jadalny / niejadalny

dapat dimakan / tidak dapat dimakan

zły / uprzejmy

jahat / baik

podniecony / znudzony

bersemangat / bosan

gruby / chudy

gemuk / kurus

najpierw / na końcu

pertama / terakhir

przyjaciel / wróg

teman / musuh

pełen / pusty

penuh / kosong

twardy / miękki

keras / lembut

ciężki / lekki

berat / enteng

głód / pragnienie

lapar / haus

chory / zdrowy

sakit / sehat

nielegalny / legalny

ilegal / legal

inteligentny / głupi

cerdas / bodoh

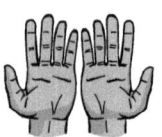

lewo / prawo

kiri / kanan

bliski / daleki

dekat / jauh

nowy / używany

baru / bekas

nic / coś

tidak ada apapun / sesuatu

stary / młody

tua / muda

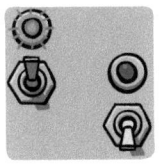

włącz / wyłącz

nyala / mati

otwarty / zamknięty

buka / tutup

cichy / głośny

tenang / keras

bogaty / biedny

kaya / miskin

prawidłowy / błędny

benar / salah

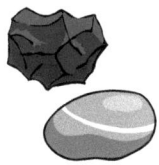

chropowaty / gładki

kasar / halus

smutny / szczęśliwy

sedih / gembira

krótki / długi

pendek / panjang

powolny / szybki

pelan-pelan / cepat

mokry/suchy

basah / kering

ciepły / chłodny

hangat / sejuk

wojna / pokój

perang / damai

0

zero

nol

1

jeden

satu

2

dwa

dua

3

trzy

tiga

4

cztery

empat

5

pięć

lima

6

sześć

enam

7

siedem

tujuh

8

osiem

delapan

9

dziewięć

sembilan

10

dziesięć

sepuluh

11

jedenaście

sebelas

12

dwanaście
duabelas

13

trzynaście
tigabelas

14

czternaście
empatbelas

15

piętnaście
limabelas

16

szesnaście
enambelas

17

siedemnaście
tujuhbelas

18

osiemnaście
delapanbelas

19

dziewiętnaście
sembilanbelas

20

dwadzieścia
duapuluh

100

sto
seratus

1.000

tysiąc
seribu

1.000.000

milion
juta

Angielski

Inggris

Angielski amerykański

bahasa Inggris Amerika

Chiński mandaryński

bahasa Cina Mandarin

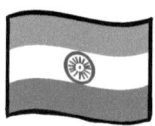

Hindi

bahasa Hindi

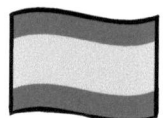

Hiszpański

bahasa Spanyol

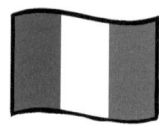

Francuski

bahasa Perancis

Arabski

bahasa Arab

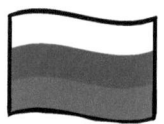

Rosyjski

bahasa Rusia

Portugalski

bahasa Portugis

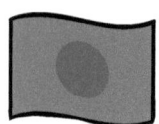

Bengalski

bahasa Bengal

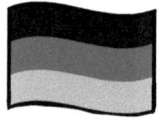

Niemiecki

bahasa Jerman

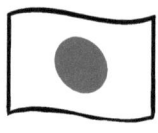

Japoński

bahasa Jepang

ja

saya

ty

kamu

on / ona / ono

dia

my

kita

wy

kalian

oni

mereka

kto?

siapa?

co?

apa?

jak?

begaimana?

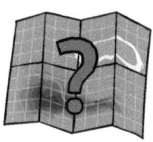

gdzie?

dimana?

kiedy?

kapan?

Nazwisko

nama

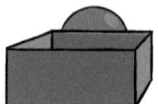

za
....
dibelakang

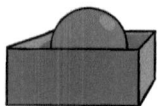

w
....
di

przed
....
didepan

powyżej
....
diatas

na
....
diatas

pod
....
dibawah

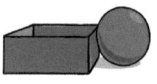

obok
....
sebelah

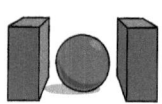

między
....
di antara

Miejsce
....
tempat